国术
健身

周　倩
牛爱军　○　编著

六字诀

人民邮电出版社
北京

图书在版编目（CIP）数据

六字诀 / 周倩，牛爱军编著. -- 北京 ： 人民邮电
出版社，2024. 9. --（国术健身）. -- ISBN 978-7
-115-64615-6

Ⅰ. G852.6

中国国家版本馆 CIP 数据核字第 20249SS135 号

免 责 声 明

内 容 提 要

本书从"什么是六字诀""为什么练六字诀"和"怎么练六字诀"三个角度出发，对六字诀的起源、发展和特点进行了介绍，对六字诀的健身作用进行了解析，对六字诀的基本功与功法套路的练习方法进行了讲解。

在功法套路的讲解部分，本书不仅通过真人连拍图对动作步骤进行了展示，而且对练习的基本要求、功理作用、呼吸方式和易犯错误进行了讲解。此外，本书免费提供了六字诀的在线学练视频，旨在帮助读者降低理解难度，提升练习效果。无论是六字诀的学习者，还是教授者，都可从本书中获益。

◆ 编　著　周　倩　牛爱军

责任编辑　王若璇

责任印制　彭志环

◆ 人民邮电出版社出版发行　　北京市丰台区成寿寺路 11 号

邮编　100164　　电子邮件　315@ptpress.com.cn

网址　https://www.ptpress.com.cn

涿州市般润文化传播有限公司印刷

◆ 开本：700×1000　1/16

印张：4.5　　　　　　　　　2024 年 9 月第 1 版

字数：48 千字　　　　　　　2025 年 9 月河北第 5 次印刷

定价：25.00 元

读者服务热线：(010)81055296　印装质量热线：(010)81055316
反盗版热线：(010)81055315

目录

壹

什么是六字诀

源

字诀的特点

六字诀的起源

六字诀，古代也称为六字气、六气诀、六字气诀，现代一般称为六字诀。六字诀的锻炼核心是呼吸吐纳，所以吐气发声是六字诀独特的练功方法，在锻炼时要特别注意口型的变化和气息的流动。六字诀按照五行相生的顺序进行排列，依次是嘘（xū）、呵（hē）、呼（hū）、呬（sī）、吹（chuī）、嘻（xī），体现了木生火、火生土、土生金、金生水、水生木的往复循环不已。

古代劳动人民在长期的生活和生产活动中，对人体生理与疾病的关系、运动和健康的关系、人与自然的关系等进行了深入思考，逐渐形成了比较完善、独具特色的理论体系。

《黄帝内经·灵枢·天年》指出——黄帝曰：人之寿夭各不同，或天寿，或卒死，或病久，愿闻其道。岐伯曰：五脏坚固，血脉和调，肌肉解利，皮肤致密，营卫之行，不失其常，呼吸微徐，气以度行，六腑化谷，津液布扬，各如其常，故能长久。《吕氏春秋·尽数》认为：流水不腐，户枢不蠹，动也。形气亦然。形不动则精不流，精不流则气郁。

由此不难看出，古人在长期实践中总结出了一系列强身固本、治气养心和运动养生的理论和方法，六字诀即为其中的典型代表。

呼吸是人类的生存本能，我们每时每刻都在呼吸、都依赖着呼吸。但在一般情况下，我们对呼吸熟视无睹，浑然不觉呼吸的存在，一旦我们觉察到呼吸不畅，甚至呼吸困难的时候，意味着身体正在发出警报，此时身体往往已经处于疲劳、亚健康或者疾病状态了。

在深刻洞悉呼吸原理的前提下，古人发明了很多利用呼吸来锻炼身体的方法。例如《庄子·刻意》中记载：吹呴呼吸，吐故纳新，熊经鸟申，为寿而已矣；此道引之士，养形之人，彭祖寿考者之所好也。其中，呴的发音为 xǔ，意为慢慢呼气之意。这是庄子描述的 2300 多年前的人们锻炼的情景，可见那时的古人就已经能很好地了解呼吸、善用呼吸。

古人从日常行为出发，经过不断地总结提炼、细心揣摩，深刻认识到呼吸和声音与健康、与生命之间存在着微妙而又深刻的内在联系，并总结出很多行之有效的方法和理论。其中，六字诀就是为大家所熟知的一种养生锻炼方法。

六字诀最早被记载于南北朝时梁代陶弘景所著的《养性延命录·服气疗病篇》：凡行气，以鼻纳气，以口吐气，微而引之，名曰长息，纳气有一，吐气有六。纳气一者，谓吸也；吐气六者，谓吹、呼、唏、呵、嘘、呬，皆出气也。

这段话指出，尽管吸气只有一种方法，但是吐气可以有六种方法；在吐气的时候可以发嘘（xū）、呵（hē）、呼（hū）、呬（sī）、吹（chuī）、嘻（xī）六种字音。现代理念认为，吐气时通过发这六种字音，可以调整肝、心、脾、肺、肾和三焦气机，起到强壮脏腑、去除病邪、益寿延年的作用。

六字诀的发展

古人很早就意识到在不同的身体和情绪状况下，人们会发出各种不同的声音：郁闷的时候"长吁短叹"，开心的时候"笑呵呵"，生病及感到痛苦的时候会"呻吟"，高兴的时候"引吭高歌"，悲伤的时候"痛哭流涕"，等等。古人认为声音是脏腑的表达，而脏腑又与情绪密切相关，所以不同的情绪状况下人们会发出不同的声音。反过来说，当人们发出不同的声音时，这些声音又会影响到不同的脏腑功能。

古人还发现，当一个人特别疲惫的时候，会累得连话都不想讲，宁可去做力气活也不愿意多说话。古人认为这种疲乏的原因是中气不足，人体感觉气短乏力，所以无力讲话，气不够用。

俗话说"人活一口气"，这个"气"既是"争气"的"气"、

"志气"的"气"，又是"呼吸之气"。因此，儒、释、道、医、武各家都将呼吸锻炼视作提升个人修养、提高技能水平的重要手段。

南宋大儒朱熹写过一篇文章《调息箴》：予作调息箴，亦是养心一法……所谓持其志，无暴其气也。"调息"的目的是"静心、养心"，提高内心的修养，从而达到儒家所推崇的"内圣外王"之道。

"安那般那"呼吸法门是佛教修行中重要的法门之一。其中，"安那"是出息，"般那"是入息，"安那般那"就是一呼一吸。东汉安世高翻译的《大安般守意经》中，专门讲述了如何通过呼吸来"守意观心"。"天台宗"是佛教传入中国以后形成的一个宗派，以"止观"法门来指导实修。《六妙法门》是入止观的基本指引，由呼吸的"数"息，到"随"息，借助纯熟而稳定的呼吸进入心识的"止"上，再渐渐地入"观"。

道教养生的"长生一十六字妙诀"，也被称为"十六锭金"，意思是每一个字都如金子一般珍贵，这十六个字是"一吸便提、气气归脐，一提便咽、水火相见"，讲的是通过逆腹式提肛呼吸的锻炼，达到人体心肾相交、水火相见、坎离既济的和谐状态。

唐代著名医药学家孙思邈按五行相生的顺序，配合四季，编写了《卫生歌》，更是奠定了六字诀在改善健康方面的应用基础。

综上所述，在历史发展过程中，六字诀不仅受到道教和医家的青睐，佛教也很认可其健身功效。在佛教天台宗的《童蒙止观》中，有这样一段话：但观心想，用六种气治病者，即是观能治病。何等六种气？一吹、二呼、三嘻、四呵、五嘘、六呬，此六种息皆于唇口之中，想心方便，转侧而作，绵微而用。颂曰：心配属呵肾属吹，脾呼肺呬圣皆知。肝藏热来嘘字至，三焦壅处但言嘻。上面这段话强调六字诀操作方便、简单实用，唇口之间即能发声锻炼，并且疗效显著。

六字诀的特点

｜吐纳导引，内外兼修｜

六字诀在注重呼吸吐纳、吐气发声的同时，配合了科学合理的动作导引，内调脏腑、外练筋骨，共同达到内壮脏腑、外健筋骨的养生锻炼作用。六字诀主张"练养结合""内外兼修"，外指动练、内指静养，内外结合才是吐纳和导引的协调运用。传统养生功理论认为"气"是人体运动的物质基础，气有赖于阴液的滋养，运动时阳生。气属阳，所以肢体运动能导引气的运行。但是，如果一味运动不休，阳气消耗过多，不仅不会促进技能提高，还会给身体带来损害。因此，动练就必须有静养，以静养来调养气血。在六字诀练习过程中，动作徐缓、呼吸柔和、动息相随、动缓息长，具有内外兼修的显著特点。

读音口型，整体调理

六字诀在呼吸吐纳的同时，通过特定的读音口型来调整与控制体内气息的升降出入，形成分别与人体肝、心、脾、肺、肾、三焦相对应的"嘘、呵、呼、呬、吹、嘻"六种特定的吐气发声方法，进而达到调整脏腑气机平衡的作用。

"静养"并不是绝对的静，六字诀动静相兼，或内静外动，或外静内动，以动为用，以静为养，相互渗透，相得益彰。通过口型、动作、气息的协调统一，旨在重建人体的动态平衡，达到系统调理身体功能的效用。

舒缓圆活，松静自然

六字诀动作舒展大方，缓慢柔和，圆转如意，如行云流水，婉转连绵，要求吐气发声匀细柔长，动作导引舒缓圆活，动中有静，静中有动，动静结合，炼养相兼。六字诀重视加强人体内部运动，慢慢调整人体生理机能，所以动作要求舒缓圆活，不追求短时间内身体的激烈运动，在松静自然的动作过程中，强调整体，侧重内练养护，以"内练精气神"为主，着眼于通过肢体运动来引导内气，凝神于中，反观于心，以此达到良好的养生效果。

武

为什么练六字诀

因

强心肺，促消化

一呼一吸谓之一息。含有"息"的词组可谓比比皆是，做人要有"出息"，累了要"休息"，人与人之间"息息相关"……"息"字最早出现于商周甲骨文，字形像鼻子出气的样子，本义指气息、呼吸；战国的篆体下部加"心"，象征着呼吸是生命最基本的表现形式，因此又引申为繁殖、滋生、子女、利息、消息、歇息等诸多意思。这说明古人很早就认识到了呼吸的重要性，并以呼吸为途径去探索生命的奥秘、心身的解放、养生的要旨。

六字诀中运用到的呼吸方式主要为自然呼吸、腹式呼吸和发音呼吸（详见"呼吸练习"部分的内容）。

其中，腹式呼吸能够有效增加膈肌的活动范围，进而提升肺的通气量，有效改善肺功能，因此腹式呼吸也是肺气肿及其他通气障碍的重要康复手段之一。与此同时，伴随着腹式呼吸，腹腔压力会有规律地增大和减小，使内脏器官的活动加强，改善消化道的血液循环，促进消化吸收功能，促进肠蠕动，防止便秘，加速体内毒素排出，从而延缓衰老。

此外，腹式呼吸还能改善脾胃功能，有利于舒肝利胆，促进胆汁分泌；同时腹式呼吸也可以通过降低腹内压而使血压下降，对高血压病人也有一定的好处。

根据动作和呼吸的配合规律：动缓息长、动息相随，通过缓慢柔和的动作练习可以使呼吸细长深匀，深长呼吸又锻炼了五脏六腑，增强了五脏六腑的功能，使人体的发电机——五脏六腑充满了动力，自然人体也就充满了活力。从中医养生角度来看，呼吸不单是肺的工作，"肺为气之主，肾为气之根"，肾有摄纳肺所吸入的清气、防止呼吸表浅的作用。如果肾的纳气功能正常，那么呼吸就会均匀、调和；相反，如果肾不纳气，就会出现动辄气喘、呼多吸少的病象。只有肺肾相合，才能共同维持人体的呼吸运动。

养生先养心。从字形上解释，"息"可以理解为"内观自心"，神不外驰才能内观，心静了才能内观，呼吸可以帮助我们静下心来，保持身心不二、形神合一的状态，让身体这台高级精密的仪器发挥自动运转、自动修复的工作性能，从而保持良好的工作状态，达到健康长寿的目的。因此，练习六字诀时宜选择空气清新、环境幽静的地方，最好穿运动服或比较宽松的服装，以利于动作的完成与人体气血的流通。同时，要始终保持全身放松、心情舒畅、思想安静，以专心练功。练功时应注意循序渐进，不可急于求成。练功结束，可以做一些简单的保健功法，如搓手、擦面、全身拍打及散步等，使习练者从练功状态充分恢复到正常状态。

调脏腑，健体魄

养身心，促长寿

叁

法

怎么练六字诀

基本功练习

六字诀的呼吸方法以自然呼吸、腹式呼吸、发音呼吸为主，通过呼吸方法的合理使用，会让练功取得更好的效果。

自然呼吸 |

自然呼吸，即自身顺其自然地进行呼吸，呼吸过程中不施加任何人为的干涉，自由地进行呼吸。在六字诀功法练习中，一般保持唇齿自然闭合，用鼻呼吸的自然呼吸方式。呼吸的快、慢、长、短，都依据个人身体情况而改变。

腹式呼吸 |

腹式呼吸可人为控制呼吸的深度和时间，通过膈肌和腹肌的运动，使腹部有规律地起伏，从而达到提升肺换气量和改善内脏功能的目的。

腹式呼吸可分为顺腹式呼吸与逆腹式呼吸两种。

顺腹式呼吸：吸气过程中，腹肌扩张，膈肌下降，腹部充盈气体，小腹逐渐鼓起；呼气过程中，腹肌收紧，膈肌上升，呼出气体。顺腹式呼吸能提升肺的换气量。

逆腹式呼吸：吸气过程中，腹肌收紧，膈肌下降，腹部容积减小；呼气过程中，腹肌放松，膈肌上升，腹腔容积变大。相比顺腹式呼吸，逆腹式呼吸更能影响内脏器官，改善内脏器官功能。

发音呼吸 |

发音呼吸，是指练习功法的过程中，将发音融入呼吸中的呼吸方法。六字诀中，在发"嘘""呵""呼""呬""吹""嘻"音时，同时呼气，是发音呼吸。

自然掌

一

手掌伸出，五指自然伸直，稍稍
分开，掌心稍稍内含。

二

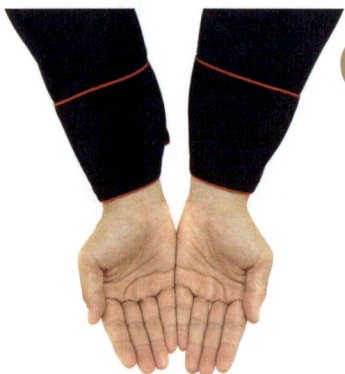

双手手掌伸出，手指并拢，小指
相贴，掌心凹陷，如同捧物。

步型练习

并步 |

双腿伸直，并拢，脚尖向前；双臂自然垂于身体两侧；头部中正，目视前方。

开步 |

双脚左右分开站立，双脚距离约同肩宽；双臂自然垂于身体两侧；头部中正，目视前下方。

高马步 |

双腿稍稍屈膝站立，双脚之间距离约同肩宽，膝盖前顶但不超过脚尖。上身挺直，目视前下方。

| 桩功练习 |

无极桩 |

并步站立，双腿并拢；双臂下垂，手腕放松，双掌自然贴在身体两侧，双肩放松，收下颌，目视前方；闭唇，舌抵上腭。

抱元（抱球）桩 |

双脚开步站立，双脚距离约同肩宽，双腿屈膝下蹲；双手在身前环抱，指尖相对，环抱高度在肩部和裆部之间（根据功法的不同，环抱高度也会有所差异），目视前方或前下方。

升降桩 |

一

身体正直站立，双脚距离约同肩宽；双臂自然贴于身体两侧。目视前方。

二

双臂屈肘，双手摆至腹前，掌心向上，指尖相对。

三

双掌缓慢上托至胸部高度。目视前方。

四

双臂内旋，掌心向下。

五

双掌缓慢下按至腹前。目视前方。

|发音与口型练习|

"嘘"字诀 |

注："发音与口型练习"中，字母皆为汉语拼音。

发　音：音 xū。

步骤一：嘴唇和牙齿微微张开发"x"音。

步骤二：双唇展向两侧发"ü"音。

口　型：唇角展向两侧，紧绷，口型稍扁，臼齿（也称磨牙）上下平行，使气息从舌的两侧呼出。

"呵"字诀 |

发　音：音 hē。

步骤一：嘴唇和牙齿微微张开发"h"音。

步骤二：舌尖抵下腭发"e"音。

口　型：唇齿自然张开，放松下颌，舌身稍稍向上拱起，舌两侧轻贴臼齿，舌尖抵下腭，使气体从舌身与上腭之间呼出。

"呼"字诀 |

发　音：音 hū。

步骤一：嘴唇和牙齿微微张开发"h"音。

步骤二：双唇聚为圆形时发"u"音。

口　型：双唇聚为圆形，舌头两侧稍稍卷起，气体直接从喉部呼出。

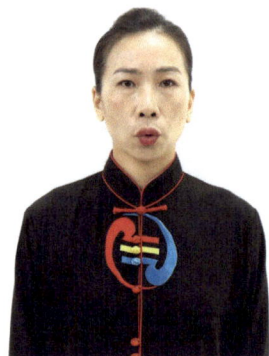

"呬"字诀 |

发　音：六字诀中，此字发音为 sī。门齿上下对齐时发"sī"音。

口　型：唇角稍稍上翘，门齿上下对齐，轻轻咬合，舌身放平，稍稍前伸，舌尖抵住下齿，使气体从齿间缓缓呼出。

"吹"字诀 |

发　音：音 chuī 。

步骤一：舌抵上齿内侧面，发出"ch"音。

步骤二：双唇稍稍贴近，舌尖从上齿内侧面撤下，放平，发出"u"的音。

步骤三：双唇唇角后撤，舌尖抵下齿内侧面，发出"i"的音。

口　型：唇角展向两侧，舌身后引，白齿上下相对，使气体从舌头两边通过，再绕至舌下呼出。

"嘻"字诀 |

发　音：音 xī 。开始吐气发音时，发"xī"音。

口　型：唇角展向两侧，略略翘起，如同微笑，舌尖抵下齿内侧面，白齿上下轻咬，保持心情愉悦，呼出气体。

六字诀功法练习中，合理运用以下几种意念，有助于集中注意力，功法动作也会更加准确。

意念动作过程 |

即在功法动作练习的过程中，加入意念。将意念集中于动作是否准确，是否合乎练功要领。将意念与动作过程相结合，最终达到形神合一。

意念呼吸 |

即在呼吸中加入意念。将意念集中于对呼吸的调整，使呼吸与动作更好地配合。

意念身体部位 |

即在练功过程中，将意念集中于身体重点部位，使人快速排除杂念，提升动作的准确性。意念身体部位有助于充分发挥功法的作用。

存想法 |

即在练功入静时，自己设想某种形象或景象，并将自身融入其中，使这种形象或景象对心理产生影响，进而对生理产生影响，从而起到积极调节身心的作用。

默念字句 |

即在练功过程中，内心默念动作的歌诀，以及每一式动作的名称。这样做有助于排除杂念，将注意力集中于练功，稳定心神。

功法练习

基本要求	一、保持心平气和，双肩放松，腰腹放松，微微含胸。
	二、双腿伸直并拢站立时，保持身体中正挺直。
	三、开步动作轻柔，脚跟先离地；落地时，脚尖先着地。

（一）

保持身体中正站立，双脚并拢，目视前方，周身放松。双臂自然贴于身体两侧。下颌稍稍内收，舌抵上腭。

身体其他部位保持不动，左脚向左迈一步，前脚掌先触地，然后过渡到全脚掌，双脚距离约同肩宽，重心位于双脚之间。目视前下方。

功法提示	功理作用：凝神静气，调整心态，为专注练功做好身心准备。
	呼　　吸：自然呼吸。
	易犯错误：双膝太过挺直，或过于屈曲；呼吸太过深长；开步时重心不稳。

| 起势 |

基本要求

一、双掌上托时，双肘稍稍前摆，稍稍含胸，上托至胸部高度。

二、身体后坐时，髋部下沉，背部挺直，稍稍含胸，双臂撑圆。

三、静养时，双手虎口交叉，轻贴脐部，双肘稍稍向后展。

一

接上式。保持身体中正站立，重心平稳，双臂屈肘，双手掌心向上，指尖相对，缓慢上托至小腹前。

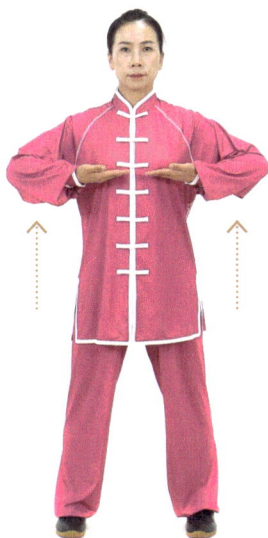

双手继续缓慢上托至胸前。目视前方。

双手在胸前向下翻掌,掌心向下。

翻掌动作柔和、流畅。

双手缓慢下按至腹前。

双腿屈膝，缓慢下蹲后坐，保持重心稳定。双臂稍稍内旋，掌心向外、向下，缓慢向前向下拨出，直至两臂撑圆。

双臂外旋，掌心向内，指尖斜向下。

伸膝、伸髋，身体缓慢直立，双手缓慢收向腹前，交叠相握，虎口交叉，贴向肚脐，保持静养片刻。目视前下方。

功法提示

功理作用： 双掌的托、按，双腿的屈伸，可提升身体协调性，并使身体舒展，加速血液循环，使身体进入练功状态；双腿有规律地屈伸，可改善腰椎与下肢关节的功能。

呼　　吸： 自然呼吸。

易犯错误： 双掌上托时，双肘后夹，没有前摆；双掌上托时，含胸；后坐时背部没有挺直，双臂没有撑圆。

第一式 嘘字诀

基本要求

一、转体穿掌时，保持身体中线垂直于地面，约转体 90°，双膝伸直，双脚不动。

二、穿掌动作与发"嘘"音动作同时开始，同时结束。

三、穿掌时，向身体一侧穿掌，穿至手与肩部同高；穿掌后向腰侧收掌时，用转腰的力量带动收掌。

（一）

（二）

接上式。双手向身体两侧分开，收向腰部两侧，掌心向上，小指贴腰。目视前下方。

双腿不动，上身左转约 90°，左手不动，右手向左上方穿掌，直至右臂伸直，右手位于右肩前方，掌心斜向上。穿掌的过程中，双唇后引，紧绷，口型稍扁，轻呼"嘘"音，声音低沉，有穿透力。双目逐渐睁圆，跟随看向右手的方向。

（三）

双腿不动，上身右转，身体回正，右手沿原路返回至右侧腰部，小指贴腰。目视前下方。

（四）

双腿不动，上身右转约 90°，右手不动，左手向右上方穿掌，直至左臂伸直，左手位于左肩前方，掌心斜向上。穿掌的过程中，第二次轻呼"嘘"音。双目逐渐睁圆，跟随看向右手的方向。

双腿不动，上身左转，身体回正，左手沿原路返回至左侧腰部，小指贴腰。目视前下方。

重复穿掌动作。双腿不动，上身左转约 90°，左手不动，右手向左上方穿掌，直至右臂伸直，右手位于右肩前方，掌心斜向上。穿掌的过程中，第三次轻呼"嘘"音。双目逐渐睁圆，跟随看向右手的方向。

（七）

双腿不动，上身右转，身体回正，右手沿原路返回至右侧腰部，小指贴腰。目视前下方。

（八）

双腿不动，上身右转约 90°，右手不动，左手向右上方穿掌，直至左臂伸直，左手位于左肩前方，掌心斜向上。穿掌的过程中，第四次轻呼"嘘"音。双目逐渐睁圆，跟随看向右手的方向。

双腿不动，上身左转，身体回正，左手沿原路返回至左侧腰部，小指贴腰。目视前下方。

功法提示

功理作用： 发"嘘"音与呼吸配合，活动胸腔、腹腔，可改善内脏功能，尤其是肝脏、心肺系统器官的功能；转体动作和穿掌动作，充分活动胸腔和肢体关节，可刺激内脏，改善内脏功能，并提升脊柱、肩关节的灵活性。

呼　吸： 发"嘘"音时用口呼气，"嘘"音结束后手收向腰侧时，用鼻吸气；功法熟练后，可逐渐改用逆腹式呼吸，发"嘘"音时呼气，小腹隆起，"嘘"音结束后手收向腰侧时吸气，小腹收缩。其他时间用自然呼吸。

易犯错误： 穿掌转体时，转体不充分，上身向前倾或向后仰；发"嘘"音不正确；穿掌动作与发"嘘"音不能保持同步；收掌时没有依靠腰部的力量。

第二式 呵字诀

基本要求

一、双手下插时，下插至与脐部同高，且双腿伸直，头部上引，带动身体稍稍上拔。

二、向外拨掌时，双臂撑圆。

三、捧掌时，如同捧水，尽量多捧，不要溢出。

四、双手下插动作与发"呵"音动作同时开始，同时结束。

（一）

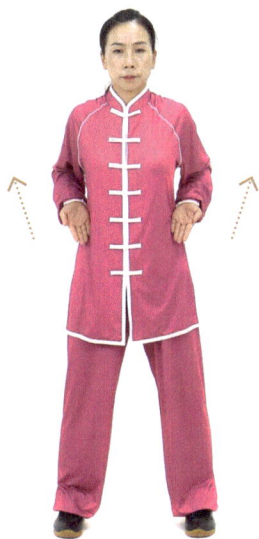

接上式。双手保持小指贴腰，双肘稍稍向后、向上提，指尖朝向前下方。目视前下方。

（二）

双腿屈膝下蹲，双手缓慢向前、向下约 45°方向插掌，直至双臂即将伸直，掌心斜向上。目视双手方向。

（三）

双手靠近，两小指相贴，掌心向上，在腹前合为捧掌。目视掌心。

（四）

双腿伸膝，身体直立，双臂向上屈肘，捧掌至胸前稍稍靠上位置，中指约与下颌齐平，掌心向内，目视前下方。

双肘向两侧外展上抬，与肩齐平，双手向下转掌，手背相贴。

六

口呼"呵"音，放松下颌，气流从舌面与上腭之间呼出；同时双手缓慢直线下插至腹前，掌心朝向身体两侧。目视前下方。

（七）

双腿缓慢屈膝下蹲，保持重心稳定，双肘伸展，双臂缓慢向前下方
45°方向拨出，直至两臂撑圆，掌心向外、向下，且与脐部等高。目
视前下方。

（八）

双臂外旋，双肘下降，双掌转为指尖向上，掌心向前。

九

双臂继续外旋，直至双掌合在一起，小指相贴，在腹前变为捧掌。目视双掌。

十

双腿伸膝，身体直立，双臂向上屈肘，捧掌至胸前稍稍靠上位置，中指约与下颌齐平，掌心向内，目视前下方。

双肘向两侧外展上抬，与肩齐平，双手向下转掌，手背相贴。

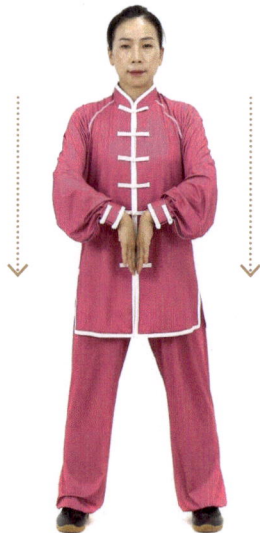

第二次口呼"呵"音，同时双手缓慢沿直线下插至腹前，掌心朝向身体两侧。目视前下方。

双腿缓慢屈膝下蹲，保持重心稳定，双肘伸展，双臂缓慢向前下方45°方向拨出，直至两臂撑圆，掌心向外、向下，且与脐部等高。目视前下方。

功法提示	
功理作用：	发"呵"音与呼吸配合，活动胸腔、腹腔，可改善内脏功能，尤其是心脏功能；双手与腕部动作，可提高双手、双腕、肩部灵活性，刺激末梢神经，加速血液循环，增强心肺功能；双腿有规律地屈伸，可改善腰椎与下肢关节的功能。
呼　　吸：	发"呵"音时用口呼气，而后双手变捧掌捧向胸前时用鼻吸气；功法熟练后，可逐渐改用逆腹式呼吸，发"呵"音时呼气，小腹隆起，双手捧向胸前时吸气，小腹收缩。其他时间则自然呼吸。
易犯错误：	发"呵"音不正确；捧掌过于随意，指缝太宽；向下插掌动作与发"呵"音没有保持同步，拨掌时手臂没有撑圆。

基本要求

一、双掌向外打开时，头部上引，腰部放松，髋部下沉，双臂向外撑圆。

二、发"呼"音，与双手外展、双腿屈膝下蹲的动作同时开始，同时结束。

三、双掌向外打开时，最终双掌之间的距离、掌心与肚脐之间的距离，保持相等。

（一）

接上式。双臂外旋，双掌翻转，掌心对向脐部，且双掌到脐部的距离相等，指尖斜向下。目视前下方。

（二）

双腿伸膝，缓慢站立，双掌缓慢向脐部方向收拢，直至距离腹前约 10 厘米。

双唇聚为圆形，舌头两侧稍稍上卷，口呼"呼"音，声音低沉，有穿透力。同时双腿屈膝下蹲，双手外展，直至双臂围拢成一个圆形。目视前下方。

双腿伸膝，缓慢站立，双掌缓慢向脐部方向收拢，直至距离腹前约10厘米。

双唇聚为圆形，舌头两侧稍稍上卷，第二次口呼"呼"音，同时双腿屈膝下蹲，双手外展，直至双臂围拢成一个圆形。目视前下方。

<table>
<tr><td rowspan="3">功法提示</td><td>**功理作用：**</td><td>发"呼"音、呼吸及双掌的开合动作，互相配合，活动胸腔、腹腔，刺激内脏，可改善内脏功能，尤其是脾胃功能和心肺功能。</td></tr>
<tr><td>**呼　吸：**</td><td>发"呼"音时用口呼气，而后双手向腹前收拢时，用鼻吸气；功法熟练后，可逐渐改用逆腹式呼吸，发"呼"音时呼气，小腹隆起，双手向腹前收拢时吸气，小腹收缩。其他时间用自然呼吸。</td></tr>
<tr><td>**易犯错误：**</td><td>发"呼"音不准确；发"呼"音，与双手外展、双腿屈膝下蹲的动作不同步；双掌向外打开时，上身向前倾。</td></tr>
</table>

第四式 呬字诀

基本要求

一、双手由胸前下落时，双肘夹向胸部两侧，在胸前立掌，同时肩部后展，肩胛骨收缩，缩头缩颈。

二、缩头缩颈时，下颌稍稍内收。

三、发"呬"音与推掌动作同时开始，同时结束。

一

接上式。双手缓慢下落至腹前，掌心向上，指尖相对。目视前下方。

二

双腿缓慢伸膝站立，双手同时缓慢上托至胸前。

（三）

双肘下落，夹在肋部两侧，双手向上竖起，指尖向上，掌心相对。

（四）

双肩外展，双手跟随向两侧分开，保持掌心相对。

（五）

两侧肩胛骨靠拢，头部略略向后仰，缩头缩颈。目视前上方。

（六）

双腿微微屈膝，重心下降，上下门齿轻咬，舌尖抵在下齿上，缓慢轻发"呬"音；同时肩颈放松，双掌前推。目视前方。

（七）

继续双膝下蹲，双掌前推，掌心向前，直至双臂伸直。目视前方。

（八）

保持双腿屈膝，双掌外旋，直至外旋约 90°。

九

双手向内屈腕翻掌，掌心朝向身体，指尖相对，双手手掌距离约同肩宽。

十

十一

双腿伸膝，缓慢站立，双臂屈肘，双手缓慢收向胸前，距离胸部约10厘米，掌心向内。目视前方。

双肘下落，夹在肋部两侧，双手向上竖起，指尖向上，掌心相对。

国术健身：六字诀

十二

双肩外展，双手跟随向两侧分开，保持掌心相对。

十三

十四

两侧肩胛骨靠拢，头部略略后仰，缩头缩颈。目视前上方。

双腿微微屈膝，重心下降，第二次缓慢轻发"呬"音；同时肩颈放松，双掌前推。目视前方。

继续双膝下蹲，双掌前推，掌心向前，直至双臂伸直。目视前方。

保持双腿屈膝，双掌外旋，直至外旋约 90°。

双手向内屈腕翻掌，掌心朝向身体，指尖相对，双手手掌距离约同肩宽。

双腿伸膝，缓慢站立，双臂屈肘，双手缓慢收向胸前，距离胸部约10厘米，掌心向内。目视前方。

继续双膝下蹲，双掌前推，掌心向前，直至双臂伸直。目视前方。

功法提示

功理作用： 发"呬"音、呼吸、展肩扩胸，以及缩头缩颈的动作，互相配合，充分活动胸腔、腹腔，改善肺部功能；展肩扩胸、缩头缩颈、推掌的动作能刺激肩颈部位的关节，提升这些关节的灵活性，改善肩颈部位不适症状。

呼　吸： 发"呬"音时用口呼气，"呬"音结束后双手收向胸前时，用鼻吸气；功法熟练后，可逐渐改用逆腹式呼吸，发"呬"音时呼气，小腹隆起，"呬"音结束双手收向胸前时吸气，小腹收缩。其他时间用自然呼吸。

易犯错误： 发"呬"音不准确；发"呬"音动作与推掌动作不同步；双手由胸前下落时，耸肩，没有做到展肩夹肘。

第五式 吹字诀

基本要求

一、双臂侧平举时，双臂内旋，掌心斜向后。

二、双手沿身体两侧下划时，大臂不动，直至手臂伸直。

三、双腿屈膝、双手下划的动作，与"吹"的发音同时开始，同时结束。

一

二

接上式。双腿伸膝站立，手腕放松，双手向下翻掌，掌心向下，指尖向前，呈前平举姿势。目视前方。

双手水平左右分开，变为侧平举，掌心向后向下。

双手从身体两侧下划至身后腰部，掌心贴在腰眼上（臀部上方脊椎两侧凹陷处），目视前下方。

双腿屈膝下蹲，双手贴腰下划，直至划于两侧大腿外侧，同时口呼"吹"音。

六

双臂向前屈肘，使小臂平行于地面，指尖向前，掌心相对。目视前
下方。

七

双膝伸展，缓慢站立，双手向腹部收拢，并覆在腹部，指尖斜向下。

（八）

双掌从腹前沿带脉（与脐平，环腰一周）抚至后腰腰眼处，掌心轻贴腰眼。

（九）

双腿屈膝下蹲，双手贴腰下划，直至划于两侧大腿外侧，同时第二次口呼"吹"音。

双臂向前屈肘，使小臂平行于地面，指尖向前，掌心相对。目视前下方。

<table>
<tbody>
<tr><td rowspan="3">功法提示</td><td>**功理作用：**</td><td>双手按摩带脉，刺激腰腹部位的内脏，尤其是肾脏，可改善肾脏功能，加速腰部周围血液循环，增强腰腹肌肉力量。</td></tr>
<tr><td>**呼　　吸：**</td><td>发"吹"音时用口呼气，双手向腹部收拢，覆在腹部时，用鼻吸气；功法熟练后，可逐渐改用逆腹式呼吸，发"吹"音时呼气，小腹隆起，双手收向腹前时吸气，小腹收缩。其他时间用自然呼吸。</td></tr>
<tr><td>**易犯错误：**</td><td>双臂侧平举时，手臂没有内旋；发"吹"音不准确；双腿屈膝、双手下划的动作，与"吹"的发音不同步；双手下划时，大臂跟随下划；双臂向前屈肘时，掌心未相对。</td></tr>
</tbody>
</table>

第六式 嘻字诀

基本要求

一、双手向两侧打开时，上臂与地面平行，目视前上方。

二、"嘻"字发音与双腿屈膝、双掌下按动作同时开始，同时结束。

接上式。双腿保持屈膝，双手缓慢下落至腹前，掌心向上，指尖相对。目视前下方。

双臂内旋，使双手在腹前，指尖向下，掌背相贴。低头目视双手。

（三）

双腿伸膝，缓慢站立，保持双手指尖向下，手背相贴，屈肘，双臂上提，直至双臂约与肩平，双手在胸前。

（四）

双手分开，向两侧上方打开，使大臂与地面平行，稍稍屈肘，小臂与水平面约呈 45 度角，掌心斜向上。目光跟随双手上移，看向前上方。

（五）

双臂向胸前屈肘，双手收向胸前，掌心向下，指尖相对，小臂与地面平行。目视前下方。

（六）

双腿屈膝下蹲，双掌下按至腹前；同时双唇微张，上下牙齿微张，唇角后撤，舌尖抵下齿内侧面，口呼"嘻"音，声音低沉，有穿透力。

七

双掌从腹前继续向身体两侧分开，掌心斜向外。目视前下方。

八

双手靠近，在腹前掌背相贴，指尖向下，同时低头，目视双手。

双腿伸膝，缓慢站立，保持双手指尖向下，手背相贴，屈肘，双臂上提，直至双臂约与肩平，双手在胸前。

双手分开，向两侧上方打开，使大臂与地面平行，稍稍屈肘，小臂与水平面约呈 45 度角，掌心斜向上。目光跟随双手上移，看向前上方。

双臂向胸前屈肘，双手收向胸前，掌心向下，指尖相对，小臂与地面平行。目视前下方。

双腿屈膝下蹲，双掌下按至腹前，同时第二次口呼"嘻"音。

双掌从腹前继续向身体两侧分开，掌心斜向外。目视前下方。

功法提示

功理作用： 发"嘻"音与呼吸配合，活动胸腔、腹腔，可增强心肺功能；双臂伸展开合动作牵拉身体，促进全身血液循环，提升身体柔韧性；发"嘻"音时唇角上扬，如同微笑，激发良好的情绪。

呼　吸： 双掌下按发"嘻"音时用口呼气，手背相贴向上屈肘时，用鼻吸气；功法熟练后，可逐渐改用逆腹式呼吸，发"嘻"音时呼气，小腹隆起，双掌掌背在腹前相贴时吸气，小腹收缩。其他时间用自然呼吸。

易犯错误： 接上式动作时，双腿伸直，没有保持屈膝；双手向两侧分开时，上臂没有与地面平行；发"嘻"音与双手下按动作不同步；"嘻"字发音有误；"嘻"字发音时，双腿没有屈膝。

收势

一、双手合抱于腹前时，双手同脐高，且双手、脐部三点连线呈正三角形。

二、双手按揉腹部时，先按顺时针方向进行，再按逆时针方向进行。

（一）

（二）

接上式。双臂外旋，使掌心翻转向前。

双手向腹前合拢，掌心向内，双手与脐部同高。

（三）

双手交叠，虎口相交，轻贴在肚脐上；同时双膝伸直站立，目视前下方，静养片刻。然后双手用适当的力度，以肚脐为中心按揉腹部，先顺指针按揉，再逆时针按揉。

（四）

双手下放，垂于身体两侧。目视前下方。

左脚向右迈一步，收向右脚，前脚掌先着地，然后过渡至全脚掌，目视前下方。六字诀功法演示结束。

功法提示

功理作用： 从练功状态进入平时状态，心神归于平静。

呼　　吸： 静养时用腹式呼吸，其他时候用自然呼吸。

易犯错误： 双手合抱于腹前时，双手高于或低于脐部；按揉腹部太过用力，或按揉腹部方向错误。